HERMANN ROTTMANN · REZEPT · FOTOGRAFIE

SIBYLLE SCHWARZ · GESTALTUNG

PRESTEL

MÜNCHEN · BERLIN · LONDON · NEW YORK

Man braucht kein P a t i s s i e r zu sein, um Gebäck-Zauberer zu werden. Der Umgang mit Mandeln, Honig und O r a n g e a t, mit P i n i e n k e r n e n oder Rosenwasser ist leichter als gedacht. Vierzig Rezepte enthält dieses Buch: von orientalischen Verführungen wie Macadamia-Keksen und P i s t a z i e n - Kugeln, über italienische Cantuccini, die man am besten zum Vin Santo genießt, bis zu englischen Brownies und Früchtekuchen. Auch bodenständige S p e z e r e i e n dürfen nicht fehlen: Vanille- und Linzer Taler, Zimtsterne oder der bewährte L e b k u c h e n. Der Z a u b e r b ä c k e r Hermann Rottmann zelebriert das Gebäck vor der prachtvollen Kulisse einer neapolitanischen Krippe, wie sie ähnlich im 18. Jahrhundert von K ü n s t l e r n wie Giuseppe Sanmartino oder Nicola Somna geschnitzt wurden. Hirten tragen P l ä t z c h e n und Kekse heran, Elefanten erfreuen sich ihrer süßen Last: Die Aromen des K o n f e k t s verbinden sich auf das Angenehmste mit den schwelgerischen Formen spätbarocker Krippenkunst.

Inhalt

Linzer Taler

Ein feines Gebäck mit Nelkenaroma aus Großmutters Rezeptbuch.
Dieses kleine Vergnügen kann man nur noch durch Singen von Weihnachtsliedern steigern!

Zutaten für ca. 50 Stück:

270 g Mehl

200 g Zucker

175 g ungeschälte, gemahlene Mandeln

300 g Butter

2 Eigelb

2 TL Zimt

2 TL gemahlene Nelken

Abgeriebene Schale einer Zitrone in eine große Rührschüssel geben und verkneten. Den Teig in Folie wickeln und 1 bis 2 Stunden kühl halten.

Backofen auf 180 Grad vorheizen.
Das Backblech mit Backpapier belegen.
Den Teig auf einer bemehlten Arbeitsfläche ca. 2 mm dick ausrollen. Eine Hälfte des Teiges mit 4,5 cm großen, ganzen Kreisen ausstechen. Die andere Hälfte mit durchbrochenen Ausstechförmchen ausstechen.

100 g Johannisbeergelee

100 g Himbeermarmelade zusammen verrühren. Die ganzen Kreise damit bestreichen. Die Plätzchen mit etwas Abstand auf das Backblech legen. Teigringe auflegen.

Bei 180 Grad 14 Minuten backen.

1 EL Puderzucker in ein kleines Sieb schütten und die Plätzchen damit bepudern.

Übrigens: Wer nicht auf Kerne beißen möchte, kann die Himbeermarmelade durch ein Sieb streichen.

Butter Gebäck

Zu jeder kleinen Kaffeepause willkommen! Ein Klassiker aus dem vorletzten Jahrhundert.

Zutaten für ca. 40 Stück:

200 g Mehl

60 g Zucker in eine Rührschüssel oder auf ein Backbrett schütten.

125 g Butter in feine Würfel schneiden. Zum Mehl-Zuckergemisch geben und mit einem Messer fein hacken.

3 Eigelb dazugeben und mit dem Messer in den Teig hacken. Mit der Hand zu einen glatten Teig verkneten. Den Teig in Stücke schneiden. Die Arbeitsfläche dünn mit Mehl bestreuen und den Teig zu fingerdicken Rollen formen. In 10 cm lange Stücke schneiden. Ein Backblech mit Backpapier belegen und die Teigröllchen in S-Form darauf legen.

Eine Stunde ruhen lassen.
Den Backofen auf 180 Grad vorheizen.

1 Eigelb mit einigen Tropfen Wasser verrühren und die Teigröllchen damit bestreichen.

Bei 180 Grad ca. 30 Minuten backen.

Übrigens: Der Teig kann mit Verschiedenstem aromatisiert werden. Zum Beispiel mit der abgeriebenen Schale einer Zitrone oder Orange. Auch mit Zimt, Nelken oder Kardamom.

Griechische Plätzchen

Kurambièdes – das typische Weihnachtsgebäck der Griechen.
Zum Zerteilen viel zu schade.

Zutaten für ca. 25 Stück:

250 g Butter in einen Topf geben und bei mittlerer Temperatur schmelzen lassen.

200 g ungeschälte Mandeln grob hacken und in die flüssige Butter geben. Die Temperatur erhöhen und die Mandeln darin leicht bräunen. Die Mandelbutter abkühlen lassen und in eine Rührschüssel füllen.

Den Backofen auf 180 Grad vorheizen. Ein Backblech bereitstellen.

50 g Puderzucker
70 ml Ouzo (Anislikör)
1 Ei (Gew. Kl. M)
250 g Mehl
1 Päcken Vanillezucker
1 TL Natronpulver
(aus der Apotheke) mit der Mandelbutter verkneten. Den Teig auf einer bemehlten Arbeitsfläche 1 cm dick ausrollen und zu großen Quadraten ausstechen. Oder aus dem Teig Kugeln formen, auf das Backblech legen und etwas flachdrücken.

Bei 180 Grad 20 Minuten backen.

200 g Puderzucker in ein Sieb schütten und die heißen Kurambièdes damit bestreuen.

Feine Vanille Mandelkipferl

Die hohe Kunst der Patisserie bedarf
spitzer Finger nicht nur bei der Herstellung, sondern auch beim Verzehr.
Brüchigzartes Mandelgebäck – hier heißt es Haltung bewahren.

Zutaten für ca. 50 Stück:

250 g MEHL

250 g BUTTER

100 g UNGESCHÄLTE,
GEMAHLENE MANDELN

70 g PUDERZUCKER

1 PRISE SALZ in eine Rührschüssel geben.

1 VANILLESCHOTE längs aufschneiden. Das Mark herauskratzen und zu den anderen Zutaten geben. Alles zu einem Teig verkneten. In Folie wickeln und 1 Stunde kühl stellen.

Den Backofen auf 180 Grad vorheizen.
Das Backblech mit Backpapier belegen.

Den gekühlten Teig mit etwas Mehl bestreuen und zu einer Rolle formen. Gleichmäßig breite Scheiben abschneiden und diese zu Rollen formen. Die Teigrollen in Kipferlform auf das Blech legen.

Bei 180 Grad 10 bis 11 Minuten lang backen.

100 g PUDERZUCKER auf einen großen Teller geben und die Kipferl noch warm darin wälzen.

Übrigens: Wer keine ausgeprägte Feinmotorik hat, sollte den Teig lieber in eine Rolle formen, 1 cm breite Scheiben abschneiden und diese backen.

Mandel Spekulatius

Hauchfeine Plätzchen, die sofort nach dem Backen
in eine luftdichte Dose gehören. Denn Luftfeuchtigkeit macht die Plätzchen weich,
und das Aroma der Gewürze verfliegt in alle Winde.

Zutaten für ca. 40 Stück:

200 g MEHL

200 g ZUCKER

200 g GEHOBELTE MANDELN

2 TL ZIMT

1/2 TL NELKENPULVER

1 PRISE SALZ

1 EI (GEW. KL. M) in eine Rührschüssel geben.

200 g KALTE BUTTER in kleine Stücke schneiden.
Zu den anderen Zutaten geben
und mit einem Messer krümelig
schneiden. Dann mit den
Händen zu einem glatten Teig
verkneten. Mit Folie umwickeln
und ca.1 Stunde kühl stellen.

Ein mit Backpapier belegtes Backblech
bereitstellen. Backofen auf 170 Grad vorheizen.
Den Teig auf einer leicht be-
mehlten Arbeitsfläche oder auf
einem Backbrett messerdünn
und gleichmäßig auswalzen.
Mit einem gewellten Zackenräd-
chen in Rechtecke schneiden.
Behutsam auf das Backblech
legen.

50 g GEHOBELTE MANDELN locker darüber streuen und
bei 170 Grad 13 bis 15 Minuten
backen.

Übrigens: Der Teig eignet sich auch für Spekulatiusmodeln.
Wer aber ein exaktes Relief erhalten will, sollte die Mandelblättchen aus dem Teig heraushalten
und nur die Rückseite damit bestreuen.

Weiße Mandelmakronen

Noch ein süßes Wunder aus Italien! Damit der Kern weich bleibt,
verschwinden die Makronen sofort in eleganten Dosen. Und die öffnen sich erst dann wieder,
wenn starker, bitterer Espresso in den Tassen dampft.

Zutaten für ca. 45 Stück:

Den Backofen auf 200 Grad vorheizen.
Ein Backblech bereithalten.

250 g geschälte ganze Mandeln auf das Backblech schütten und bei 200 Grad 10 Minuten im Backofen hellbraun rösten. Abkühlen lassen. Im Blitzhacker sehr fein mahlen.

2 Eiweiss (Gew. Kl. L) in eine Rührschüssel füllen und steif schlagen.

150 g feiner Kristallzucker

200 g Puderzucker 2 bis 3 Minuten unter das Eiweiß schlagen.

1 Vanilleschote längs aufschneiden, das Mark herauskratzen und mit dem Eiweiß vermischen. Die vorbereiteten gemahlenen Mandeln unter die Eiweißmasse ziehen. Die Mandelmasse in einen Spritzbeutel mit einer Lochtülle füllen.

45 Backoblaten (Ø 5 cm) auf dem Backblech verteilen. Die Mandelmasse darauf dressieren.

50 g Puderzucker in ein Sieb schütten und die Makronen damit bestreuen. Eine Nacht trocknen lassen.

Den Backofen auf 160 Grad vorheizen.
Ca. 20 Minuten bei 160 Grad backen.

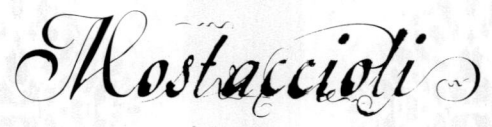

Mostaccioli

Honigkuchen mit Anis – für minimalistische Zungen: Honigkuchen aus Kalabrien.

Zutaten für ca. 30 Stück:

Ein Backblech mit Backpapier belegen oder mit etwas Butter bestreichen. Den Backofen auf 170 Grad vorheizen.

300 g Mehl
1/2 TL Backpulver in eine Rührschüssel geben und vermischen.

300 g flüssiger Honig
2 EL Anislikör
(z. B. Sambuca) dazugeben und zu einem glatten, festen Teig verkneten. Auf einer mit Mehl bestreuten Arbeitsfläche ca. 1 cm dick ausrollen. Mit einem Zackenrad in Rhomben oder anderen Formen ausschneiden.

Bei 170 Grad 15 bis 20 Minuten backen. Den Honigkuchen in eine Dose legen. Einen Apfelschnitz oder Apfelschale darauf legen und die Dose verschließen. Nach 1 bis 2 Wochen sind die Honigkuchen weich.

Übrigens: Die Honigkuchen können, nachdem sie weich geworden, mit Zuckerguss oder Schokoladenglasur überzogen werden.

Zimtsterne

Da Zimt eine belebende Wirkung hat, geraten diese Sterne zum Aufputschmittel
für schöne, lange Weihnachtsnächte.

Zutaten für ca. 40 Stück:

Ein Backblech mit Backpapier belegen.
Backofen auf 150 Grad vorheizen.

350 g UNGESCHÄLTE, GEMAHLENE MANDELN

250 g PUDERZUCKER

2 EL ZIMTPULVER in eine Rührschüssel füllen und vermischen.

2 EIWEISS (GEW. KL. L) dazugeben und zu einem weichen, nicht klebenden Teig verkneten.

3 EL PUDERZUCKER auf eine Arbeitsfläche streuen und den Teig darauf 1 cm dick ausrollen.

1 EIWEISS in einer Rührschüssel schaumig schlagen.

150 g PUDERZUCKER unter den Eischnee rühren. Zwei Drittel vom Eischnee dünn auf den ausgerollten Zimtteig streichen. Sternausstecher in kaltes Wasser tauchen und den Teig damit ausstechen. Mit einem Messer unter den ausgestochenen Teig fahren, hochheben, auf das Backblech legen und den Ausstecher vorsichtig hochziehen. Den restlichen Teig zusammenkneten und erneut ausrollen. Sollte er kleben, werden noch 1 bis 2 EL gemahlene Mandeln untergeknetet. Den übrigen Eischnee aufstreichen und ausstechen.

Bei 150 Grad 10 bis 12 Minuten backen.

Die Zimtsterne abkühlen lassen und sofort in verschließbaren Dosen aufbewahren.

Achtung: Die Zimtsterne sollen im Kern weich sein. Lagern sie lange offen, trocknen sie aus.
Der Zimtteig kann auch ohne den Eischaum ausgestochen
und erst auf dem Backblech mit einem Pinsel aufgestrichen werden.

Mammelle di vergini

Jungfrauenbrüstchen – ein sizilianisches Rezept fast ohne Fett.
Wer nach der Bedeutung des Namens sucht, sollte beim Backen genau zusehen!

Zutaten für ca. 30 Stück:

Den Backofen auf 180 Grad vorheizen.
Backblech mit Backpapier belegen.

1/4 L KALTE MILCH

40 g ZUCKER

1 PRISE SALZ in einen Topf geben.

1 VANILLESCHOTE längs halbieren, das Vanillemark heraus-kratzen und zur Milch geben.

30 g SPEISESTÄRKE in eine Tasse schütten. 5 EL von der kalten Milch abnehmen und mit der Speisestärke verrühren. Die Vanillemilch zum Kochen bringen. Die angerührte Speisestärke unter Rühren zur kochenden Milch gießen. Vom Herd nehmen und abkühlen lassen.

175 g ZUCKER

50 ML WASSER in eine Kasserolle schütten. Bei starker Hitze unter Rühren kochen, bis sich der Zucker gelöst hat. Die Kasserolle vom Herd nehmen.

250 g RICOTTA unter Rühren zugeben.

200 g MEHL

1 EI (GEW. KL. M) unterrühren, 1 Stunde kalt stellen. In einen Spritzbeutel mit mittlerer Lochtülle füllen und walnußgroße Tupfen auf das Backpapier spritzen. Mit angefeuchtetem Finger 2 cm breite Mulden in die Teigtupfen drücken. Mit einem Teelöffel die vorbereitete Vanillecreme hineinfüllen.

50 g SCHOKOLADE in Stücke hacken. Je ein Stück auf die Vanille-creme legen.

Bei 180 Grad 20 Minuten backen.

Übrigens: Wer exakte Kekse möchte, kann die Schokolade auch auflösen. In eine Spritztüte füllen und Pünktchen zielgenau auf jedes Plätzchen setzen.

Dresdner Christstollen

Hier hält man andächtig inne, auf dem Weg zwischen den Zeiten. Der sächsische Höhepunkt zur Winterzeit.

500 g Rosinen

50 ml Jamaica-Rum in einer Schüssel vermischen und abgedeckt über Nacht ziehen lassen.

150 ml Milch in einem Topf erwärmen.
In eine große Rührschüssel gießen.

2 Würfel frische Hefe (je 42 g) in die warme Milch bröckeln.

1 EL Zucker und 3 EL Mehl in die Hefemischung rühren.

An einem warmen Ort ca. 5 Stunden gehen lassen.

100 g Zucker, 1/2 TL Salz, 120 g gemahlene Mandeln, 250 g weiche Butter,
50 g Marzipanrohmasse, Abgeriebene Schale einer Zitrone, 1/2 TL gemahlene Muskatblüte

unter den aufgegangenen Vorteig rühren.

1 Vanilleschote längs aufschneiden, das Mark herauskratzen und unter den Teig mischen.

600 g Mehl nach und nach zu einem glatten, festen Teig kneten. Mit einem Handtuch abdecken und eine Stunde gehen lassen. Den Teig auf eine mit Mehl bestreute Arbeitsfläche legen und flachdrücken.

50 g Zitronat, 50 g Orangeat und die in Rum eingeweichten Rosinen auf den flach gedrückten Teig streuen. Den Hefeteig aufrollen, so dass die Trockenfrüchte vom Teig eingerollt werden.

20 Minuten ruhen lassen. Den Backofen auf 180 Grad vorheizen. Ein Backblech mit Backpapier belegen. Den Teig zu einem ca. 30 cm langen Laib formen. Mit einem Rollholz in die Mitte des Laibs drücken, so dass 2 Wülste entstehen. Zu einer Seite hin ausrollen. Die ausgerollte Seite zur Mitte klappen. Den Stollenteig auf das Backpapier legen. Das Backpapier nach oben hin zusammenfalten und mit einigen Klammern zusammenheften. Den Stollen bei 180 Grad 60 Minuten backen.

100 g Butter in einen Topf geben und bei mittlerer Hitze bräunen. Die braune Butter mit einem Pinsel auf den heißen Stollen streichen, bis sie aufgesogen ist.

100 g Puderzucker in ein Sieb geben und den heißen Stollen damit bestreuen. Abkühlen lassen.

Den Stollen in Alufolie wickeln und einige Tage ziehen lassen.
Vor dem Servieren nochmals mit etwas Puderzucker bestreuen.

Übrigens: Weil der Teig so reichhaltig ist, würde er beim Backen breit auslaufen.
Deshalb wird er mit Backpapier umwickelt und fixiert: So entsteht die traditionelle Stollenform.

Struffoli alla Napolitana

Honigbällchen – ein typisches Weihnachtsgebäck aus Neapel.
Eine Mischung aus Nudelteig und orientalischer Süßigkeit: sarazenenverdächtig!

Zutaten für ca. 25 Stück.

25 BIS 30 PAPIERKAPSELN (ca. 10 cm Ø) bereitlegen.

250 g MEHL
1/2 TL BACKPULVER
4 EIER (GEW. KL. M)
2 EIGELB, 1 PRISE SALZ
25 g SCHWEINESCHMALZ ODER BUTTER
ABGERIEBENE ZITRONENSCHALE
ABGERIEBENE ORANGENSCHALE in eine Rührschüssel geben und zu einem geschmeidigen, festen Teig kneten. Mit Frischhaltefolie abdecken und 1 Stunde ruhen lassen. Den Teig in fingerdicke Rollen formen und davon 2 cm lange Stücke abschneiden.

CA. 1 L PFLANZENÖL ZUM FRITIEREN in einen breiten Topf oder in eine Pfanne gießen und erhitzen. Teigstücke darin portionsweise goldbraun backen. Herausnehmen und auf Küchenpapier abtropfen lassen.

FÜR DEN SIRUP: 125 g HONIG
25 g FEINER KRISTALLZUCKER in einen Topf geben und aufkochen, bis sich der Zucker aufgelöst hat.

50 g KANDIERTE ORANGENSCHALE
50 g KANDIERTER KÜRBIS OD. ORANGEAT
50 g ZITRONAT in Würfel schneiden und mit der Honigmischung verrühren. Danach sofort die Teigbällchen untermischen. Wenn alles mit dem Sirup überzogen ist, wird die Masse auf einen Teller gekippt. Mit angefeuchteten Händen mehrere Teigbällchen mit kandierten Früchten zusammendrücken und in Papierkapseln legen. Abkühlen lassen.

CA. 25 g BUNTE ZUCKERSTREUSEL darauf streuen.

Achtung: Die Teigbällchen können beim Fritieren spritzen, evtl. einen Spritzschutz bereithalten!

Cantuccini

Diese Zahnbrecher brauchen etwas zum Eintunken.
Am feinsten ist ein Gläschen Vinsanto, Kaffe tut's aber auch.

Zutaten für ca. 50 Stück:

Backofen auf 180 Grad vorheizen.
Ein Backblech mit Backpapier belegen.

200 g Mehl

100 g gemahlene Mandeln

1 TL Backpulver

170 g Zucker

1 Päckchen Vanillezucker

2 Eier (Gew. Kl. M)

1 Eigelb

1 Prise Salz

5 Tropfen Bittermandelaroma alles in eine Rührschüssel füllen und zu einem glatten Teig verkneten.

150 g ungeschälte ganze Mandeln unter den Teig kneten. In drei Portionen teilen und auf einer mit Mehl bestreuten Arbeitsfläche zu Rollen formen. Auf das Backblech legen.

1 Eigelb

2 EL Milch verquirlen und die Teigrollen damit bestreichen. Bei 180 Grad 20 Minuten backen. Die heißen Gebäckrollen vom Blech nehmen und schräg in 1 cm breite Scheiben schneiden. Nebeneinander auf das Backblech legen und weitere 5 bis 7 Minuten backen.

Pfauen-Augen

Eine noble Zierde für jeden Weihnachtsteller.

Zutaten für ca. 30 Stück:

200 g Mehl

150 g gemahlene Mandeln

Abgeriebene Schale einer Zitrone

100 g Zucker

1 Päckchen Vanillezucker

2 Eigelb in eine Rührschüssel füllen.

200 g Butter in Würfel schneiden. Zugeben und mit einem Messer grob vermischen. Auf die Arbeitsfläche kippen und verkneten. In Frischhaltefolie schlagen, 1 bis 2 Stunden kühl stellen.

Den Backofen auf 180 Grad vorheizen.
Das Backblech mit Backpapier belegen.

Die Arbeitsfläche mit etwas Mehl bestreuen und den Teig 4 mm dick ausrollen. Ca. 30 große Kreise ausstechen und auf das Blech legen. Übrigen Teig verkneten, erneut ausrollen und weitere Kreise ausstechen. Auf Backpapier legen und kleine Kreise ausstechen. Die kleinen Kreise herausnehmen.

Bei 200 Grad 8 bis 10 Minuten backen.

250 g Aprikosenmarmelade in einen Topf geben und erhitzen, bis sie flüssig ist. Die großen Teigkreise damit bestreichen. Die Kringel mit

100 g Puderzucker bestreuen und
auf die Aprikosenmarmelade setzen.

Übrigens: Die Marmelade kann nach dem Erhitzen mit einem Schuss Aprikosenbrand aromatisiert werden.

Mürbeteig Plätzchen

Der Familienteig zum fidelen Ausstechen. Ein Teig ganz ohne Fisematenten.

Zutaten für ca. 50 Stück:

300 g MEHL auf einer Arbeitsfläche anhäufen.

200 g BUTTER in Würfel schneiden und auf das Mehl legen.

100 g ZUCKER auf den Haufen streuen. Eine Mulde hinein-drücken.

1 EI (GEW. KL. M) in die Mulde geben. Mit einem Messer die Zutaten hacken. Sobald sie sich grob vermischt haben, mit den Händen zu einem glatten Teig verkneten. In Folie wickeln und ca. 30 Minuten ruhen lassen.

Den Backofen auf 180 Grad vorheizen. Ein Backblech mit Backpapier belegen.

Die Arbeitsfläche mit Mehl bestreuen und den Teig darauf messerdick ausrollen. Mit allen zur Verfügung stehenden Ausstech-förmchen ausstechen. Die Teigstücke auf das Backblech legen und bei 180 Grad ca. 10 Minuten backen.

250 g PUDERZUCKER

1 EIWEISS in einer Rührschüssel verquirlen. In Spritztüten oder Gefrierbeutel füllen und die gebackenen Plätzchen damit garnieren.

SILBERPERLEN

GOLDPERLEN

BUNTE ZUCKERSTREUSEL Den weichen Zuckerguß damit verzieren.

Übrigens: Den Teig kann man auch noch mit 1 bis 2 TL Gewürzen, 1 EL Kakaopulver oder 1 EL Schokoladenstreusel verkneten.

Sfogliatelle frollo

Eine Spezialität aus Neapel, die nicht nur
zu Weihnachten mit einer Tasse Cappuccino zum Frühstück serviert wird.

Zutaten für ca. 25 Stück:

FÜR DEN MÜRBETEIG: 200 g MEHL

80 g ZUCKER

1 EL WASSER

1 PRISE SALZ zu einem glatten Teig verkneten.

80 g SCHWEINESCHMALZ in Folie wickeln und 30 Minuten
kühl stellen.

FÜR DIE FÜLLUNG: 450 ML WASSER zum Kochen bringen.

150 g WEIZENGRIESS

1 PRISE SALZ unter Rühren hineinstreuen. 5 Minuten
unter Rühren köcheln. Den Grießbrei in
eine Schüssel gießen und abkühlen lassen.
Den Backofen auf 180 Grad vorheizen.
Backblech mit Backpapier belegen oder
dünn mit Schweineschmalz bestreichen.

150 g RICOTTA

160 g ZUCKER

1 EI

100 g gewürfeltes ORANGEAT

1 PÄCKCHEN VANILLEZUCKER

1 PRISE ZIMT mit dem Grießbrei zu einer glatten Füllung
verarbeiten. Den Mürbeteig auf einer
bemehlten Arbeitsfläche messerdünn ausrollen. Mit einem Ausstecher ca. 9 cm
große Scheiben ausstechen. Jeweils einen
Löffel Ricottafüllung darauf geben. Den
Teig überschlagen und die Kanten fest zusammendrücken. Auf ein Backblech legen.

1 EIGELB mit etwas Wasser verrühren
und die Sfogliatelle damit bestreichen.
Bei 180 Grad ca. 25 Minuten goldbraun backen.

Übrigens: Wer mag, kann das Gebäck vor dem Servieren mit reichlich Puderzucker bestreuen.

Nugatkugeln

Eine ideale Wegzehrung für Sternsucher und Abenteurer
auf dem langen Weg nach Bethlehem.

250 g Mehl

70 g Zucker

1 TL Zimtpulver

1/2 TL Muskatpulver

1 Prise Salz

1 TL Backpulver in eine Rührschüssel füllen und vermischen.

120 g Butter

1 Ei (Gew. Kl. M) zugeben und zu einen Teig verkneten. Den Teig zu 3 cm dicken Rollen formen und in Folie einwickeln. Zwei Stunden im Kühlschrank ruhen lassen.

Den Backofen auf 180 Grad vorheizen. Ein Backblech mit Backpapier belegen.

Die Teigrollen in 1 cm breite Scheiben schneiden.

100 g Nougat in ca. 50 Würfel schneiden. Jeweils einen Nougatwürfel auf eine Teigscheibe legen und in den Teig einrollen. Auf das Backblech legen und bei 180 Grad 12 Minuten backen. Abkühlen lassen.

150 g Bitterschokolade grob hacken und in eine Metallschüssel geben. Die Metallschüssel in warmes Wasser stellen und unter Rühren die Schokolade schmelzen lassen. Auf jedes Plätzchen einen Klecks Schokolade geben.

125 g Walnusskerne auf die Nougatkugeln setzen.

Vanille~Taler

Diese unscheinbaren Plätzchen stellen alles in den Schatten.
Ist die Butter gebräunt, entwickeln die Vanille-Taler ein fein nussiges Aroma.
Sie lassen sich einfach backen und lange aufbewahren.

Zutaten für ca. 60 Stück:

250 g BUTTER in einen Topf geben, bei mittlerer Hitze auflösen und bräunen lassen. Durch ein Sieb in eine Rührschüssel gießen und danach etwas abkühlen lassen.

Backofen auf 180 Grad vorheizen.

1 VANILLESCHOTE längs aufschneiden, das Vanillemark herauskratzen und mit der warmen Butter verrühren. Auf Zimmertemperatur abkühlen und fest werden lassen.

300 g ZUCKER zufügen und 5 Minuten weiß-schaumig schlagen.

375 g MEHL
1 GESTRICHENER TL BACKPULVER vermischen und in die Buttermischung sieben.

1 GROSSES EI zugeben und verkneten.
Zu Rollen mit etwa 3 cm Durchmesser formen. In Frischhaltefolie wickeln und 2 bis 3 Stunden kühl stellen.

Backofen auf 180 Grad vorheizen.

Ein Backblech mit etwas Butterschmalz bestreichen oder mit Backpapier belegen. Die gekühlten Teigrollen in Scheiben schneiden. Auf das Backblech legen und 13 bis 15 Minuten backen.

1 PÄCKCHEN VANILLEZUCKER noch heiß damit bestreuen.

Achtung: Der Teig ist ein bisschen widerspenstig. Es reicht, wenn man ihn zu groben Rollen auf die Folie legt, um ihn dann in der Folie fertigzurollen. Nach dem Kühlen ist er schnittfest.
Übrigens: Es wäre ein Jammer, die ausgekratzte Vanilleschote wegzuwerfen. Also in eine Dose legen, ca. 500 g Zucker draufstreuen und für 2 bis 3 Wochen verschlossen wegstellen. Das ist der Vanillezucker für alle künftigen Plätzchenteige. Oder der Luxuszucker für Tee oder Kaffee.

Früchte Kuchen

Ganz einfach zu machen! In Folie gewickelt, bleibt er
im Gemüsefach des Kühlschranks mehrere Wochen frisch und lecker.

Zutaten für ca. 20 Stück:

Dèn Rand einer Springform (18 cm Ø) mit einem doppelt gelegten
Bogen Backpapier auslegen. Backofen auf 180 Grad vorheizen.

200 g GETROCKNETE APRIKOSEN hacken.

100 g ROTE BELEGKIRSCHEN in Stücke schneiden.

150 g GEWÜRFELTES ZITRONAT

150 g GEWÜRFELTES ORANGEAT

300 g ROSINEN alle Trockenfrüchte in eine Schale füllen.

SCHALE EINER UNBEHANDELTEN ZITRONE auf einer feinen Reibe dazureiben.

6 EL WEINBRAND ODER COGNAC mit den Früchten vermischen.

250 g WEICHES BUTTERSCHMALZ in eine Rührschüssel füllen und mit dem
Handmixer schaumig schlagen.

1 PRISE SALZ, 1 TL ZIMT

1 TL GEMAHLENE NELKEN

1 TL KARDAMOMPULVER

300 g BRAUNER ZUCKER

4 EIER (GEW. KL. L) mit dem schaumigen Butterschmalz verquirlen.

350 g WEIZENMEHL 1 EL von dem Mehl mit der Buttermasse
verquirlen. Das restliche Mehl mit den Trocken-
früchten locker vermischen und dies alles
unter die Buttermasse heben. Den Teig in die
vorbereitete Springform füllen.

Bei 150 Grad 2 bis 3 Stunden backen. In der Springform abkühlen lassen.

80 g BUTTER in einen Topf füllen und bei milder Hitze auflösen. In eine Rührschüssel gießen.

500 g PUDERZUCKER dazusieben und mit der Butter verrühren.

3 EL WASSER dazukneten. Die Zuckermasse zwischen Folie
glatt ausrollen und um den Kuchen legen oder
mit angefeuchteten Händen an den Früchtekuchen drücken. Mit einer Palette glattstreichen.
Mit Goldperlen garnieren.

Übrigens lässt sich dieser Früchtekuchen auch in anderen Backformen zubereiten, etwa in
eckigen Backrahmen oder in Springformen mit 24 oder 26 cm Durchmesser.

Pecannuss-Bällchen

Luxusplätzchen aus dem fernen Morgenland.
Erst nach Tagen geben sie ihr feines Aroma so richtig preis.

Zutaten für ca. 35 Stück:

150 g WEICHE BUTTER

2 ESSLÖFFEL HONIG

50 g PUDERZUCKER

1 EL JAMAICA- RUM in eine Rührschüssel geben und 3 bis 4 Minuten schaumig schlagen.

270 g MEHL

1 PRISE SALZ

80 g PECANNÜSSE im Blitzhacker fein mahlen. Mit dem Teig verkneten. Den Teig in Folie wickeln und 1 Stunde kühl stellen.

Den Backofen auf 180 Grad vorheizen.
Ein Backblech mit Backpapier belegen.

Aus dem Teig kleine Kugeln formen. Auf das vorbereitete Backblech legen. Bei 180 Grad etwa 12 Minuten ziemlich hell backen.

100 g PUDERZUCKER auf einen großen Teller kippen und die heißen Kugeln darin rollen. Auf eine Platte legen und noch warm aus einem Sieb mit Puderzucker fein bestreuen.

Übrigens: Statt der Pecannüsse kann man auch Cashewnüsse verwenden.
Wer besonders schöne runde Kugeln formen will, teilt den Teig in zwei Portionen. Jede Portion
zu einer Rolle formen und diese in gleichmäßige Stücke schneiden.
Die Stücke dann zu Kugeln rollen. Mit etwas Abstand auf das Backblech legen,
weil sie beim Backen etwas in die Breite gehen.

Schokoladentaler

Zutaten für ca. 25 Stück:

200 g Mehl

30 g Kakaopulver

80 g Zucker

1 TL Zimtpulver

1 Prise Salz

1 TL Backpulver in eine Rührschüssel geben und trocken vermischen.

120 g Butter

4 Tropfen Rum-Aroma

1 Ei (Gew. Kl. L) zugeben und zu einen Teig verkneten. In Folie wickeln und 1 Stunde kühl stellen. Den Teig halbieren und auf einer bemehlten Arbeitsfläche in 3 cm dicke Rollen formen. Fingerbreite Scheiben abschneiden.

Ein Backblech mit Backpapier belegen. Den Backofen auf 180 Grad vorheizen.

1 Tafel Bitterschokolade, 100 g in Stücke brechen. Jeweils 1 Stückchen Schokolade in den Teig einrollen. Auf das Blech legen. Etwas flach drücken und bei 180 Grad 12 Minuten backen. Die Plätzchen auf ein Gitter legen und abkühlen lassen.

250 g Zartbitter-Kuvertüre grob hacken. In eine Metallschüssel geben und die Schüssel in ca. 40 Grad warmes Wasser stellen. Die Schokolade unter Rühren darin auflösen.

10 g Butter hineinrühren. Die Plätzchen mit der Kuvertüre überziehen.

Goldene Liebesperlen

Kakaopulver zum Verzieren auf die Schokoladentaler geben und kalt stellen.

Juwelenkugeln

Alles nur vom Feinsten: genau richtig
für den Jetset aus vergangenen und gegenwärtigen Tagen.

Zutaten für ca. 60 Stück:

Ein Backblech mit Backpapier belegen.
Backofen auf 180 Grad vorheizen.

220 g WEICHE BUTTER

180 g BRAUNER ZUCKER

2 EIER (GEW. KL. M)

4 TROPFEN BUTTER-VANILLEAROMA

1 PRISE SALZ

in eine Rührschüssel füllen und
schaumig schlagen.

320 g MEHL

dazugeben und unterkneten.
Aus dem Teig kleine Bällchen
formen.

250 g PECANNÜSSE

mit einem Messer oder im
Blitzhacker fein hacken.

1 EIWEISS

in eine kleine Schale füllen
und mit etwas Wasser verrühren.
Die Hände damit befeuchten
und die Teigbällchen mit Eiweiß
benetzen. Die Bällchen in den
gehackten Nüssen rollen. Mit etwas
Abstand zueinander auf das Blech
legen. Mit einem Holzlöffelstiel kleine
Mulden in die Bällchen drücken.

5 EL ROTES JOHANNISBEERGELEE

glatt rühren und in
die Teigvertiefungen füllen.

Bei 180 Grad 12 bis 15 Minuten backen.

Übrigens: Wer keine Pecannüsse bekommt, kann auch Paranüsse nehmen.

Pandolce

Süßes Brot – Damit das Band der Liebe ja nicht zerreißt,
packt es die italienische Mama, mit viel Liebe gebacken, ins weihnachtliche Fresspaket:
ein fester, trockener Kuchen – Prädikat 'postgeeignet'.

Zutaten für einen Laib:

25 g FRISCHE HEFE

150 ML WARMES WASSER

100 g MEHL in eine Rührschüssel geben und verrühren.

Mit einem Handtuch abdecken.
8 bis 12 Stunden in einem warmen Raum gehen lassen.

100 g SULTANINEN in eine Schale geben, mit Wasser bedeckt 2 Stunden einweichen. Danach auf ein Sieb schütten. Die Sultaninen auf ein Handtuch legen und trockentupfen.

125 g ZUCKER

100 g ZIMMERWARME BUTTER unter den aufgegangenen Vorteig rühren.

350 g MEHL nach und nach dazukneten, bis ein elastischer, weicher Teig entstanden ist. Etwas Mehl auf die Arbeitsfläche streuen und den Teig darauf flach drücken.

100 g PINIENKERNE

100 g GEWÜRFELTES ZITRONAT und die eingeweichten Sultaninen auf den Teig streuen. Den Teigfladen aufrollen, so dass die Zutaten davon umwickelt werden. In eine Schale legen.

Mit einem Tuch abdecken und nochmals 4 bis 6 Stunden an einem warmen Ort aufgehen lassen. Ein Backblech mit Backpapier belegen oder mit Butter einstreichen.

Den Teig verkneten, zu einem runden Laib formen und auf das Backblech legen.
Die Oberfläche mit einem Messer kreuzförmig einschneiden.

Nochmals 1 Stunde gehen lassen. Den Backofen auf 180 Grad vorheizen. Den Kuchen 50 Minuten backen. Abkühlen lassen.

2 EL PUDERZUCKER über den Pandolce streuen.

Übrigens: Fest in Folie gewickelt, kann man ihn im Gemüsefach des Kühlschranks 2 bis 3 Wochen aufbewahren.

Macadamia Kekse

Dieses Rezept sollte man gleich auswendig lernen.
Wenn Freundinnen oder Freunde zum Tee kommen, werden sie bestimmt danach fragen.

Zutaten für ca. 45 Stück:

Backofen auf 180 Grad vorheizen.
Backblech mit Backpapier belegen.

200 g VOLLMILCHSCHOKOLADE grob hacken, beiseite stellen.

250 g UNGESALZENE MACADAMIANÜSSE grob hacken, beiseite stellen.

275 g WEICHE BUTTER in einer Rührschüssel schaumig schlagen.

150 g ROHRZUCKER

2 PÄCKCHEN VANILLEZUCKER

1 EI
350 g MEHL mit der schaumigen Butter verrühren.

1 PRISE SALZ

1 TL BACKPULVER miteinander vermischen und esslöffelweise unter die Buttermischung geben. Die vorbereitete Vollmilchschokolade und die Macadamianüsse unter den Teig kneten. Den Teig mit Esslöffeln auf das Backblech geben. Mit angefeuchteten Fingern etwas in Form drücken und bei 180 Grad 13 bis 15 Minuten backen.

40 g KAKAOPULVER in ein Sieb füllen und damit die Plätzchen bestreuen.

Übrigens läuft der Teig beim Backen nicht sehr auseinander. Die Teighäufchen können getrost dicht nebeneinander platziert werden. Wer nur gesalzene Macadamia-Nüsse bekommen konnte, sollte sie mit warmem Wasser abspülen und verwenden. Achtung: Macadamia-Nüsse werden schnell ranzig. Wer sie auf Vorrat kauft, sollte sie im Gemüsefach des Kühlschranks lagern.

Elisen Lebkuchen

Das wäre doch ein feines Geschenk für alle,
die schon alles haben. Und lange rumstehen werden Elisen-Lebkuchen nicht!

Zutaten für ca. 75 Stück:

3 EIER (GEW. KL. M)

200 g ZUCKER in eine Rührschüssel geben. Mit den Rührstäben des Handrührgeräts oder mit einer Küchenmaschine schaumig schlagen, bis sich das Volumen verdreifacht hat.

1 PÄCKCHEN LEBKUCHENGEWÜRZ, 100 g GEMAHLENE MANDELN, 100 g GEMAHLENE HASELNÜSSE

4 TROPFEN BITTERMANDELAROMA, ABGERIEBENE ZITRONENSCHALE in die Schaummasse geben.

100 g WALNUSSKERNE

100 g ORANGEAT, 100 g ZITRONAT im Blitzhacker nach und nach hacken und mit der Masse verrühren. Die Lebkuchenmasse über Nacht in den Kühlschrank stellen.

Den Backofen auf 160 Grad vorheizen. Ein Backblech mit

75 BACKOBLATEN (Ø 4 CM) auslegen. Die Lebkuchenmasse in einen Spritzbeutel mit Lochtülle füllen. Auf jede Backoblate einen Teigtupfen dressieren.

Bei 160 Grad 25 bis 30 Minuten backen. Abkühlen lassen.

250 g HALBBITTER-KUVERTÜRE grob hacken und im Wasserbad auflösen. Einen Teil der Elisen-Lebkuchen darin eintauchen und auf einem Kuchengitter abtropfen lassen.

CA. 125 g WALNUSSKERNE

CA. 30 SILBERPERLEN in die weiche Schokolade drücken.

150 g PUDERZUCKER

SAFT EINER ZITRONE in einer Schüssel verrühren und die übrigen Elisen-Lebkuchen damit bestreichen.

CA. 30 g GESCHÄLTE PISTAZIEN halbieren und auf die Lebkuchen legen.

Übrigens: Lebkuchen, die nicht vollständig überzogen sind, trocknen sehr schnell aus. Diese am besten sofort in fest verschließbare Dosen legen. Den Teig kann man natürlich auch auf größere Oblaten streichen. Die Backzeit erhöht sich dann auf 35 Minuten. Und wem Präzision nicht so wichtig ist, der streicht den Teig einfach mit Löffeln auf die Backoblaten.

Anis Mandelherzen

Für verliebte Gaumen nur das Feinste.

Zutaten für ca. 40 Stück:

2 EIER (GEW. KL. L)

250 g PUDERZUCKER

1 PRISE SALZ

1 TL ANISSAMEN in eine Rührschüssel füllen und 5 bis 6 Minuten schaumig schlagen.

250 g MEHL

50 g GEMAHLENE MANDELN vermischen und unter die schaumige Masse kneten. Etwas Mehl auf die Arbeitsfläche streuen und den Teig portionsweise darauf ausrollen. Ca. 5 cm große Herzen ausstechen. Ein Backblech mit etwas weicher Butter bestreichen. Ca. 20 Teigherzen darauf legen.

2 EL PUDERZUCKER gleichmäßig auf die Arbeitsfläche sieben.

400 g MARZIPAN-ROHMASSE ca. 4 mm dick darauf ausrollen. Herzen ausstechen und auf die vorbereiteten Mandelherzen legen. Weiteren Mandelteig ausrollen, ausstechen und auf das Marzipan legen.

24 Stunden lang bei Zimmertemperatur trocknen lassen.
Den Backofen auf 150 Grad vorheizen.
Die Mandelplätzchen 20 Minuten bei 150 Grad backen.
Zum Verzieren:

250 g PUDERZUCKER

1 EIWEISS verquirlen. Die Herzen damit überziehen.

GOLDPERLEN auf den feuchten Zuckerguss legen.

Anis Pflaumenplätzchen

Diese Plätzchen backt man auch noch
in den letzten Minuten, bevor der Ansturm von Freunden naht.

Zutaten für ca. 40 Stück:

Den Backofen auf 180 Grad vorheizen.
Ein Backblech mit Backpapier belegen.

250 g Mehl
140 g Zucker
150 g weiche Butter
1/2 TL Kardamompulver
1 TL Anispulver
1 Ei (Gew. Kl. M) in eine Rührschüssel füllen und verkneten. Die Arbeitsfläche mit etwas Mehl bestreuen und den Teig zu einer 1 cm dicken Rolle formen. 2 cm breite Stücke schräg abschneiden. In einigem Abstand auf das Backblech legen. Mit einem Kochlöffelstiel oder einem Finger kleine Mulden hineindrücken.

120 g Pflaumenmus glatt rühren und in die Teigmulden füllen.

Bei 180 Grad 18 bis 20 Minuten backen.

Amaretti di Sazonno

Bittere Mandelkekse – Wer die Bitterkeit des Lebens
für kurze Zeit vergessen will, sollte mit den Bittermandeln vorsichtig umgehen.
Sonst verliert man die Bitterkeit für immer!

Zutaten für 80 Stück:

2 Backbleche mit Backpapier belegen.

100 g BITTERE MANDELN in kochendes Wasser werfen und 2 Minuten überbrühen. Auf einem Sieb abtropfen lassen und die Schale abziehen. Die Mandeln auf einem Handtuch trocknen. Im Blitzhacker sehr fein mahlen.

100 g SÜSSE, GEMAHLENE MANDELN

100 g ZUCKER mit den bitteren, gemahlenen Mandeln vermischen. Dann abermals im Blitzhacker sehr fein mahlen oder in einem Mörser fein stoßen.

2 EIWEISS (GEW. KL. L) in eine fettfreie Rührschüssel füllen und steif schlagen.

100 g ZUCKER zufügen und weitere 10 Sekunden schlagen. Das Mandelpulver unter das Eiweiß ziehen. In einen Spritzbeutel mit Lochtülle füllen. Auf die vorbereiteten Bleche haselnussgroße Tupfen spritzen. Die Tupfen mit einem Finger leicht eindrücken.

2 EL PUDERZUCKER in ein Sieb füllen und darüber streuen.

Bei Zimmertemperatur 12 Stunden trocknen lassen. Den Backofen auf 180 Grad vorheizen. Die Amaretti bei 180 Grad 8 bis 10 Minuten hellbraun backen. Sofort nach dem Abkühlen in Dosen aufbewahren.

Canestrelli

Orangen-Mandelkringel – Danach leckt man sich alle Finger:
ein feines Konfekt aus Ligurien.

Für ca. 28 Stück:

Den Backofen auf 200 Grad vorheizen.
Ein Backblech mit Backpapier belegen.

125 g ZUCKER
250 g GEMAHLENE MANDELN in eine Schüssel kippen und vermischen. Nach und nach in einen Blitzhacker geben und zusammen sehr fein mahlen. In eine Schüssel füllen.

4 BIS 5 EL
ORANGENBLÜTENWASSER
(REFORMHAUS OD. APOTHEKE) unter die Mandelmischung kneten. Aus dem Teig Kugeln, dann Kringel formen.

Auf das vorbereitete Backblech legen und bei 200 Grad 10 bis 15 Minuten hellbraun backen.

SAFT VON 2 ORANGEN
2 EL ZUCKER in einen kleinen Topf geben und 2 bis 3 Minuten stark kochen lassen. Die warmen Kringel damit satt bestreichen. In Konfektkapseln legen.

Achtung: Die Mandelmasse lässt sich nur verarbeiten,
wenn die Mandeln extrafein gemahlen sind. Wer keinen Blitzhacker zur Verfügung hat,
kann sie auch in einem Mörser zerstoßen.

Pandoro di Verona

Veroneser Hefekuchen – goldenes Brot
aus Verona. Mit Glanz und Gloria zum weihnachtlichen Frühstückstisch.

5 EL WARMES WASSER
10 g FRISCHE HEFE
1 EL ZUCKER, 3 EL MEHL in eine Rührschüssel geben und verrühren.

Mit Frischhaltefolie abgedeckt 12 Stunden gehen lassen.

2 EIER (GEW. KL. L)
3 EIGELB, 1 PRISE SALZ
80 g ZUCKER mit dem Vorteig verrühren.
1 VANILLESCHOTE längs aufschneiden. Das Mark herauskratzen und zum Teig geben.
450 g MEHL nach und nach mit dem Teig verkneten, bis ein weicher, nicht klebender Teig entsteht. Mit einem Küchentuch abdecken und 2 Stunden gehen lassen. Den Teig auf eine mit Mehl bestreute Arbeitsfläche geben. Mit dem Rollholz zu einem Quadrat von 40 x 40 cm ausrollen.
200 g ZIMMERWARME BUTTER in Flöckchen auf die Teigmitte geben. Die Ecken des Quadrates zur Mitte hin einschlagen. Mit der Hand vorsichtig andrücken und mit dem Nudelholz ausrollen. Die Ecken wieder einschlagen und erneut ausrollen. Den Vorgang weitere zwei Mal wiederholen.

Zwischen den Arbeitsgängen sollte der Teig immer wieder ruhen. Dabei entspannt er sich und kann dann wieder mühelos ausgerollt werden. Wenn die Butter vom Teig aufgenommen ist, zu einer Kugel formen. Ein Backblech mit Backpapier belegen. Eine runde flexible Backform auf 16 cm Durchmesser stellen und auf das Backblech stellen. Ein Stück Backpapier doppelt falten und an den Formrand legen. Das Backpapier sollte ca. 20 cm Höhe haben. Den Hefeteig hineinlegen und an einem warmen Ort etwa 2 Stunden gehen lassen. Den Backofen auf 180 Grad vorheizen. Den aufgegangenen Hefeteig bei 180 Grad etwa 60 Minuten backen. Abkühlen lassen.

1 EL PUDERZUCKER auf den Pandoro streuen.

Übrigens: Wer will, kann noch 50 g Sukkade und 50 g Orangeat unter den Teig kneten.
Achtung: Nach ca. 30 Minuten mit Alufolie abdecken. Übrigens: Statt der Vanilleschote
kann man auch einen Teil der Zuckermenge durch Vanillezucker ersetzen.

Noisette ~ Butterkugeln

An eine schmale Hüfte sollte hier kein Gedanke verschwendet werden.
Eine wunderbare Mischung aus Plätzchen und Praline.

Zutaten für ca. 25 Stück:

160 g BUTTER in einen Topf geben und solange erhitzen, bis die Butter gebräunt ist. Durch ein Sieb gießen und auf Zimmertemperatur abkühlen lassen.

Backofen auf 180 Grad vorheizen.
Ein Backblech mit Backpapier belegen.

160 g ZUCKER zur abgekühlten Butter geben und schaumig schlagen.

1 PÄCKCHEN VANILLEZUCKER

1/2 TL BACKPULVER

250 g MEHL trocken vermischen und mit der schaumigen Butter verkneten. Den Teig mit den Händen zu Kugeln formen. Auf das Backblech legen. Mit einem Finger Vertiefungen in die Teigkugeln drücken.

Bei 180 Grad 20 Minuten backen. Abkühlen lassen.

150 g NOISETTE-SCHOKOLADE in eine Metallschale geben. Die Schale in heißes Wasser stellen. Die Schokolade darin unter Rühren auflösen. Die flüssige Schokolade in die Vertiefungen füllen. Kühl stellen.

Ricciarelli di Montalcino

Ein Traum aus Italien.
Sehr einfach, wenn man das Eiweiß anständig schlägt!

Zutaten für ca. 35 Stück:

5 BITTERE MANDELN im Blitzhacker sehr fein mahlen.

50 g ORANGEAT ODER KANDIERTE ORANGENSCHEIBEN im Blitzhacker zerkleinern (Orangen-schalen vorher in Stücke schneiden)

1 PÄCKCHEN VANILLEZUCKER

300 g GEMAHLENE MANDELN mit den vorbereiteten Zutaten vermischen.

4 EIER (GEW. KL. M) in eine fettfreie Schale füllen und steif schlagen.

1 EL ORANGENBLÜTENWASSER

150 g ZUCKER fix zum geschlagenen Eiweiß geben und ca. 10 Sekunden unterschlagen.

Das Eiweiß darf keine Sekunde stehen bleiben, weil es dann seine Elastizität verliert und flockig wird. Sofort die Mandelmischung unter das Eiweiß heben. Zwei Backbleche mit Backpapier belegen. Mit zwei kleinen Esslöffeln den Teig abstechen und auf die Bleche verteilen.

12 Stunden trocken stehen lassen. Den Backofen auf 170 Grad vorheizen. Die Ricciarelli bei 170 Grad 10 bis 12 Minuten backen.

Mit

50 g PUDERZUCKER bestreuen und in geschlossenen Behältern aufbewahren oder sofort essen.

Übrigens: Statt der Bittermandeln kann man auch 3 Tropfen Bittermandelöl zugeben.
Das Eiweiß schlägt sich am besten, wenn es gekühlt ist.

Bacci d'Italia

Küsse aus Italien – der Vorgeschmack auf paradiesische Freuden.
Feine Schokoladenmakronen umschließen den Kern aus Nougat. Und weil sie so klein sind,
darf man ruhigen Gewissens mehrere davon genießen.

Zutaten für ca. 45 Stück:

Einen Spritzbeutel mit kleiner Sterntülle bereitlegen.
Backblech mit Backpapier belegen.

150 g HALBBITTER-KUVERTÜRE grob hacken und in eine Metallschüssel füllen. Die Metallschüssel in heißes Wasser stellen und die Kuvertüre darin auflösen.

200 g GEMAHLENE MANDELN in eine Schüssel kippen.

50 g PUDERZUCKER

20 g KAKAOPULVER durch ein Sieb reiben und mit den gemahlenen Mandeln vermischen.

3 EIWEISS in eine Rührschüssel geben und steif schlagen.

75 g KRISTALLZUCKER zuschütten und ca. 10 Sekunden unterschlagen. Die vorbereitete Mandelmischung und die aufgelöste Kuvertüre zum Eischnee geben und mit einem Spachtel untermischen. Die Masse in den Spritzbeutel füllen. Haselnussgroße Rosetten auf das Backblech dressieren.

8 bis 12 Stunden bei Zimmertemperatur trocknen lassen. Den Backofen auf 160 Grad vorheizen. Die Bacci darin ca. 8 Minuten backen. Abkühlen lassen und vom Backpapier lösen.

100 g NUSSNOUGAT im Wasserbad bei ca. 40 Grad unter Rühren auflösen.

40 g PUDERZUCKER mit dem aufgelösten Nougat verrühren. Die Hälfte der Bacci umdrehen und einen Nougat-Klecks darauf geben. Mit jeweils einem zweiten Bacio zusammensetzen.

Achtung: Unter keinen Umständen länger Backen als beschrieben. Denn der Kern der Schokoladenmakronen muss weich bleiben. Direkt nach dem Backen gehören sie luftdicht verschlossen.

Brownies

Da staunen alle Schokoladenliebhaber – nicht nur
zur Weihnachtszeit. Weil sie so schnell trocken werden, sollte man sie nur frisch essen.

Zutaten für ca. 60 kleine oder 30 große:

Backofen auf 180 Grad vorheizen.
Backblech mit Backpapier belegen.

150 g ZARTBITTER-SCHOKOLADE grob hacken, in eine Metall-schüssel füllen und in heißes Wasser stellen. Die Schokolade darin auflösen.

80 g BUTTER in die warme Schokolade geben. Unter Rühren darin schmelzen lassen. Etwas abkühlen lassen.

2 EIER

150 g ZUCKER in eine Rührschüssel füllen und 4 bis 5 Minuten schaumig schlagen. Die Schokoladen-Buttermischung unterziehen.

100 g MEHL

30 g SPEISESTÄRKE

1/2 TL BACKPULVER

1 PRISE SALZ vermischen und auf die Eier-Schokomischung sieben. Behutsam unterheben.

100 g WALNUSSKERNE grob hacken und unter den Teig ziehen. Mit Teelöffeln Teigportionen auf das Backblech setzen.

Bei 180 Grad 10 bis 12 Minuten backen.

Achtung: Der Teig läuft beim Backen etwas auseinander. Abstand halten!

Weiche Lebkuchen

Auch ohne Mittagsschläfchen zum Hinlegen lecker.

Zutaten für ca. 36 Stück:

Den Backofen auf 200 Grad vorheizen.
Ein Backblech mit Backpapier belegen.

300 g DUNKLER ZUCKERRÜBENSIRUP

160 g ZUCKER

200 g WEICHE BUTTER in eine Rührschüssel geben und verrühren.

1 PÄCKCHEN LEBKUCHENGEWÜRZ unterrühren.

450 g MEHL

300 g HAFERFLOCKEN

3 TL BACKPULVER trocken vermischen, dann mit der Sirupmischung verkneten. 10 Minuten ruhen lassen. Auf einer bemehlten Arbeitsfläche zu einem Quadrat von 30 x 30 cm ausrollen. In 5 x 5 cm große Karten schneiden und auf das vorbereitete Blech legen. Mit etwas Milch bestreichen und mit

GANZEN, GESCHÄLTEN MANDELN belegen.

Bei 200 Grad 10 bis 12 Minuten backen.

200 g PUDERZUCKER

3 EL ZITRONENSAFT verrühren und auf die heißen Lebkuchen streichen.

Haselnuss Brötchen

Zum Hamstern und Lange-Aufbewahren viel zu schade!

Zutaten für ca. 40 Stück:

Den Backofen auf 200 Grad vorheizen.
Ein Backblech mit Backpapier belegen.

125 g GEMAHLENE HASELNÜSSE gleichmäßig auf das Papier streuen. Im Ofen 5 bis 6 Minuten goldbraun rösten. Die Haselnüsse abkühlen lassen.

Den Backofen auf 180 Grad herunterschalten.

200 g MEHL

125 g BUTTER

125 g ZUCKER

1 EI (GEW. KL. M) in eine Rührschüssel füllen.

1 VANILLESCHOTE längs aufschneiden und das Mark herauskratzen. Zu den Teigzutaten geben. Die abgekühlten Haselnüsse hineinschütten und alles zu einem glatten Teig verkneten. Auf einer leicht bemehlten Arbeitsfläche den Teig zu Rollen mit 2 cm Durchmesser formen. In 4 cm breite Stücke schneiden. Die Enden andrücken und mit einem Stäbchen jeweils drei Furchen hinein drücken.

Auf ein mit Backpapier belegtes Backblech legen und bei 180 Grad 14 bis 15 Minuten backen.

1 EIWEISS

50 g PUDERZUCKER in eine Schale geben und verrühren. Die noch heißen Gebäcke damit bestreichen.

Übrigens: Wer noch einen Kick möchte, mischt 1 EL Arrak unter den Zuckerguss!

Pistazien Rosenkugeln

Sie schmecken nach himmlischen Erscheinungen.
Ob man sich danach auch heilig fühlt?

Zutaten für ca. 45 Stück:

Backofen auf 180 Grad vorheizen und
ein Backblech mit Backpapier belegen
oder dünn mit Butter bestreichen.

150 g Butter
2 EL Honig in eine Rührschüssel geben
und mit dem Handrührgerät
schaumig schlagen.

50 g Puderzucker
270 g Mehl
1 Prise Salz
2 EL Rosenwasser
80 g gemahlene Pistazienkerne
Abgeriebene Schale einer Orange zur schaumigen Butter rühren.
In einen Spritzbeutel mit Loch-
tülle füllen und 2 cm breite
Tupfen auf das Backblech setzen.
Mit einem Holzlöffelstiel je eine
Vertiefung in den Teig drücken.

100 g Marzipan-Rohmasse
1 EL Rosenwasser verkneten. Eine Rolle formen
und in ca. 45 Stücke schneiden.
Zu Kugeln formen und in die
Vertiefungen legen.

Bei 180 Grad 10 bis 12 Minuten backen.

50 g Puderzucker
2 EL gemahlene Pistazien auf die Plätzchen streuen.

Übrigens: Rosenwasser kann man in Reformhäusern
oder Apotheken bekommen.

Orangenbrezeln

Das Brezeln benötigt etwas Zeit. Wer's eilig hat, schneidet ganz einfach die Rollen in Scheiben und reicht Orangentaler zum Adventskaffee.

200 g BUTTER
200 g ZUCKER
1 PRISE SALZ
3 EIGELB
ABGERIEBENE SCHALE EINER UNBEHANDELTEN APFELSINE
350 g MEHL in eine Rührschüssel oder auf ein Backbrett geben. Die Zutaten zu einen geschmeidigen Teig verkneten. In Frischhaltefolie wickeln und im Kühlschrank 1 Stunde ruhen lassen.

Den Backofen auf 180 Grad vorheizen. Ein Backblech mit Backpapier belegen. Den Teig durchkneten und halbieren. In Rollen von 3 cm Durchmesser formen. Mit einem Messer 3 cm lange Scheiben abschneiden. Die Teigscheiben zu 20 cm langen Rollen formen. In Brezelform auf das Backpapier legen und bei 180 Grad 8 bis 10 Miruten backen.

SAFT EINER APFELSINE
100 BIS 150 g PUDERZUCKER zu einem Zuckerguss verrühren und die Brezel damit bestreichen. Trocknen lassen und in Dosen aufbewahren.

Lebkuchen

Das Rezept für Lebkuchenhäuser und für das Baumaterial für jede Weihnachtskulisse.
Zutaten für ein Lebkuchenzelt oder ein Knusperhaus:

250 g Honig
125 g brauner Zucker in einen Topf füllen und unter Rühren erhitzen. In eine Rührschüssel füllen und auf Körpertemperatur abkühlen lassen.

100 g Butter, 1 Ei (Gew. Kl. M)
3 TL Spekulatiusgewürz unter die Honigmischung rühren.

550 g Mehl
1/2 Päckchen Backpulver trocken vermischen. Nach und nach mit der vorbereiteten Masse verkneten, bis ein weicher, nicht klebender Teig entsteht. Die Arbeitsfläche mit Backpapier belegen. Etwas Mehl darauf streuen. Den Teig ca. 1/2 cm dick ausrollen. Erst eine Bodenplatte von 33 x 33 cm ausschneiden. Aus Papier die nötigen Schablonen ausschneiden. Auf den ausgerollten Teig legen und ausschneiden. Teigreste wegnehmen, erneut zusammenkneten und ausrollen.

Die Lebkuchenteile bei 180 Grad 15 Minuten backen.
Die heißen, noch weichen Teile in die gewünschte Form biegen.

500 g Puderzucker
2 Eiweiss (Gew. Kl. M) verquirlen und den Zuckerguss in eine Spritztüte oder einen Gefrierbeutel füllen. Zum Bespritzen der Lebkuchenteile wird eine Ecke des Gefrierbeutels abgeschnitten. Auf die Nahtstellen spritzen und zusammensetzen.

Bunte Streusel oder
Liebesperlen in den weichen Zuckerguss drücken oder damit bestreuen.

Übrigens: Wenn der Teig abgekühlt ist, kann man ihn nochmals für kurze Zeit in den Ofen schieben. Sobald der Lebkuchenteig heiß ist, kann man ihn wieder biegen und in alle möglichen Formen bringen.

Pinoli

Pinienplätzchen – Der Kuriere sind viele, um auch in letzter Minute noch einem/einer Liebsten schöne Gedanken zu schicken...

Zutaten für ca. 30 Stück:

Den Backofen auf 160 Grad vorheizen.
Ein Backblech mit Backpapier belegen.

200 g GEMAHLENE MANDELN

160 g ZUCKER

4 TROPFEN BITTERMANDEL-AROMA

50 g MARZIPAN-ROHMASSE in eine Schale geben und mit der Hand vermischen.

2 EIWEISS in eine Rührschüssel geben und mit dem Handrührgerät steif schlagen.

40 g ZUCKER in das Eiweiß schütten und ca. 15 Sekunden unterschlagen. Die Marzipan-Mandelmischung nach und nach unter den Eischnee rühren.

100 g PINIENKERNE auf einen breiten Teller streuen. Aus dem Teig 3 bis 4 cm lange Rollen formen. In die Pinienkerne drücken und auf das Backblech legen.

Bei 160 Grad ca. 20 Minuten backen.

3 EL ROSENWASSER mit einem Pinsel auf die heißen Pinienplätzchen streichen.

50 g PUDERZUCKER in ein Sieb geben und die Plätzchen damit hauchdünn bestreuen.

Himmlische Weihnachtskränze

Hier singen die Engel im Chor.
Noch warm aus dem Ofen sind sie kross und brüchig. In verschlossenen Dosen
halten sie 2 bis 3 Wochen und werden dann richtig mürbe.

Zutaten für ca. 35 Stück:

Backofen auf 180 Grad vorheizen.
Ein Backblech mit Backpapier belegen.

200 g Mehl

100 g Puderzucker

1 Prise Salz in eine Rührschüssel füllen.

1 EL kaltes Wasser

1 Eigelb zugeben.

150 g kalte Butter in kleine Würfel schneiden.
Alle Zutaten miteinander
verkneten. Den Teig auf einer
mit Mehl bestreuten Arbeitsfläche 2 mm dünn ausrollen.
Mit

Ausstechformen oder Gläsern ausstechen.
Behutsam auf das Backpapier
legen.

1 Eiweiss mit einer Gabel verquirlen
und auf die Ringe streichen.

50 g Hagelzucker

50 g gehobelte Mandeln aufstreuen.

Bei 180 Grad ca. 8 bis 10 Minuten
goldgelb backen.

Achtung: Der Teig ist beim Kneten zunächst staubtrocken.
Das ändert sich aber beim Kneten mit den Händen: Die Handwärme löst die Butter,
und der Teig wird wunderbar elastisch.
Übrigens: Dieser Teig eignet sich für alles, was ausgestochen werden soll!

TAKE CARE OF MOSES Daniela Neitzke & Gisela Steiert

TIPS UND FREUDE Jutta Stoffel

PER LE BELLE FIGURE

SONO MAGNIFICHE Katalina & Nello, Ischia

© Prestel Verlag, München · Berlin · London · New York 2003
Prestel Verlag, Königinstraße 9, 80539 München
Telefon 089.381709-0, Fax 089.335175, www.prestel.de
Vertrieb@prestel.de, info@prestel.de

Die Deutsche Nationalbibliothek verzeichnet diese Publikation
in der Deutschen Nationalbibliografie;
detaillierte bibliografische Angaben unter http//www.dnb.ddb.de.Katalog

Rezept und Fotografie: Hermann Rottmann
Gestaltung: Sibylle Schwarz, Stuttgart
Grafische Bearbeitung: Sabine Richter, Ludwigsburg
Lithographie: ReproLine, München
Druck: Sellier, Freising
Bindung: Conzella, Pfarrkirchen

Printed in Germany · ISBN 3-7913-2906-5